MARTINIQUE

OBSERVATIONS

SUR LE

RÉGIME COMMERCIAL

DE CETTE COLONIE

présentées

Par M. F. DUMAIL, Directeur des Douanes

NICE
TYPOGRAPHIE DE V.-EUGÈNE GAUTHIER ET COMPAGNIE

1867

MARTINIQUE

OBSERVATIONS

SUR LE

RÉGIME COMMERCIAL

DE CETTE COLONIE

présentées

Par M. F. DUMAIL, Directeur des Douanes

NICE

IMPRIMERIE DE V.-EUGÈNE GAUTHIER ET COMPAGNIE

1867

MARTINIQUE

OBSERVATIONS

SUR LE

RÉGIME COMMERCIAL DE CETTE COLONIE

I

Sous le régime fondé par la Constitution de 1854, les droits de douane et ceux d'octroi se percevaient, aux Colonies, en vertu, les premiers, de décrets impériaux, et les seconds, de dispositions administratives locales. Les Conseils généraux n'intervenaient, en fait, qu'à titre consultatif. Mais, investis d'attributions plus larges par la Constitution de

1866, ils votent, aujourd'hui, l'un et l'autre tarif, le tarif d'octroi, en toute liberté d'action, et celui de douane, sous l'unique réserve de la sanction impériale.

Le Conseil de la Martinique a inauguré le nouvel ordre de choses, en adoptant, en ces matières, de graves mesures. Convoqué en novembre 1866, il prononçait, dès le 30 du même mois, l'abolition du tarif des Douanes, et l'établissement d'un nouveau tarif d'octroi, substituant ainsi aux droits protecteurs de l'industrie et de l'agriculture métropolitaines des taxes applicables au même titre, et aux marchandises françaises et aux produits étrangers.

Appelé, par notre position administrative, à prendre part à la discussion, nous l'avons vue s'ouvrir sans en connaître le but précis et la portée exacte. Mais après avoir entendu l'honorable rapporteur de la commission, « prenez garde, avons-nous dit au Conseil, prenez garde : il ne s'agit de rien moins que de la suppression de la Douane [1], et, sans vouloir sonder l'avenir sur les effets d'une semblable mesure, qui, au point de vue économi-

---

[1] *Moniteur de la Martinique* (journal officiel de la colonie), du 23 décembre 1866.

que, mettrait, devant la colonie, la France sur le même pied que les pays étrangers, et, en d'autres termes, détacherait commercialement la Martinique de la métropole, on peut, au moins, se demander :

« Si il n'y aurait pas un réel danger à provoquer les plaintes inévitables des producteurs français;

« Si la colonie, en ne ménageant pas les bienveillantes dispositions de la mère-patrie, ne s'exposerait point à la suppression de la détaxe sur les sucres et autres produits coloniaux.

« Le projet, d'ailleurs, ne troublerait-il pas nos rapports avec les autres possessions françaises d'outre-mer? Et, en effet, la différence de régime douanier ne ferait-elle pas, plus ou moins, obstacle au commerce intercolonial?

« Dans un autre ordre d'idées, ne pourrait-on pas se demander si le maintien des surtaxes, pour trois années, ne devrait pas conseiller l'ajournement du projet en discussion.

« Si, en effet, l'application provisoire d'une surtaxe douanière n'implique pas le maintien provisoire d'un tarif douanier ?

« Et, en un mot, si l'accessoire subsistant, le principal peut disparaître ?

« Voilà, selon nous, des questions graves, qui peuvent bien se poser en quelques instants, mais dont la solution exige, sans doute, de sérieuses méditations.

« En définitive, il ne s'agit pas, pour nous, de condamner sans examen l'idée exprimée au Conseil; il s'agit seulement d'obtenir que son application soit précédée, dans le public, parmi les représentants légaux du commerce, et dans l'Administration, d'enquêtes approfondies.

« C'est tout ce que l'Administration demande, et, dans son opinion, elle ne saurait moins demander. »

L'honorable directeur de l'intérieur, M. Couturier, présentant ensuite ses observations personnelles, a combattu la proposition avec le talent qu'on lui connaît. Mais son argumentation, pourtant si nette et si concluante, ne pouvant dominer la volonté irrévocable du Conseil, inspiré par la parole éloquente d'un de ses membres les plus distingués, le régime commercial de la colonie a été radicalement changé.

Il ne serait ni convenable, ni, sans doute, utile de discuter cette résolution dans son principe.

Rigida *lex sed lex*.

Mais on peut l'apprécier dans ses conséquences possibles. Tel sera l'objet des observations ci-après.

II

On a parlé, dans le Conseil, de libre échange.

Le libre échange, pris dans son sens absolu, est, au moins de nos jours, un vain mot. Il n'est dans la pensée d'aucun gouvernement, d'aucune nation, d'aucun esprit sensé ; et, comme il faut être juste pour tout le monde, juste surtout pour les représentants de la colonie, j'ajouterai qu'il n'est pas davantage dans la pensée du Conseil général lui-même.

Le Conseil n'a point perdu de vue, en effet, qu'il a sa propre industrie, sa propre agriculture à protéger. Il lui faut, d'ailleurs, un budget, et le budget c'est l'ordre moral et matériel de tout pays civilisé.

C'est donc en vain que les procès-verbaux du Conseil proclament l'abolition du tarif des Douanes. On a aboli le mot. On ne pouvait pas abolir la chose. En fait, les nouveaux droits d'octroi ne sont que des droits de douane déguisés, s'appliquant, à la faveur de ce subterfuge, et aux marchandises françaises et aux marchandises étrangères.

Si c'est là un mal pour la métropole, c'est bien plus encore un danger pour la colonie.

Si, en effet, la France, — perdant ici ses vieilles prérogatives commerciales, — va se trouver, devant la Martinique, dans des conditions de conformité avec les puissances étrangères, c'est évidemment sur un pied d'égalité avec les pays non français que la Martinique, à son tour, va se trouver devant la métropole. Sans doute, la colonie ne perdra ainsi que des priviléges sensiblement réduits ; mais, tout amoindris qu'ils puissent être, on ne saurait les dédaigner. Pour le prouver, nous citerons des chiffres. Les chiffres ont toujours leur éloquence et leur logique.

Et, d'abord, on remarque l'admission en franchise, à leur entrée en France, des liqueurs et des tafias.

C'est, pour 62,309 hectolitres de tafia, reçu en

1866, à 30 fr. l'hectolitre, un bénéfice colonial et, par conséquent, un sacrifice métropolitain

de .... Fr.	1,866,270	
C'est, pour 35 hectolitres de liqueurs, à 180 fr. l'hectolitre, un non perçu en France de................	6,300	1.872.570

Viennent ensuite les sucres, les confitures, les cafés et les cacaos, admis à des conditions notables de faveur.

C'est encore ici un dégrèvement, savoir :

Pour 32,507,371 kilog. de sucre, à 5 fr. par 100 kilog., de	1,625,368	
Pour 1,371 kilogrammes de confiture, à 2 fr. 50, de................	34	
Pour 9,144 kilogrammes de café, à 14 fr. 40, de	1,316	1,641,774
Pour 301,139 kilog. de cacao, à 5 fr., de	15,056	

Total..... Fr. 3,514,344

En définitive, ce chiffre représente, pour la colonie, le cinquième de son revenu et la totalité de son budget.

Voilà, pourtant, les avantages qu'elle a compromis, et l'on ne peut se dissimuler, s'ils disparaissent absolument, que la lutte lui sera, tantôt bien difficile, tantôt impossible sur le marché français.

Mais, alors, quels autres marchés lui seront ouverts ?

Celui des États-Unis ?

L'expérience est faite, et malheureusement faite. Les efforts tentés par diverses maisons de commerce de Saint-Pierre n'ont abouti qu'aux plus complètes déceptions.

Le marché anglais ?

Celui de Hollande, celui de Belgique, celui d'Espagne ?

L'Angleterre est inondée de ses propres produits.

Il en est de même de la Hollande.

La Belgique a son industrie indigène, qui, plus faiblement imposée que l'industrie française, produit à meilleur marché que celle-ci.

Quant à l'Espagne, comme elle possède des colonies à esclaves, elle obtient également des sucres moins chers que les nôtres.

Or, si ces débouchés sont fermés à nos colons, où en chercheront-ils ? Dans l'Amérique du Sud ? Ce n'est pas, en tout cas, au Brésil, contrée essentiellement productrice de denrées similaires des nôtres ; ce n'est pas non plus dans le nord de l'Europe, qui, outre les produits locaux, a ceux des entrepôts du Havre, de Londres et de Hambourg. Ce n'est pas davantage dans les pays riverains de la Méditerranée, qui s'approvisionnent, à l'exception de l'Espagne, dans les entrepôts de Marseille, de Gênes, de Naples et de Trieste, où les sucres de la colonie ne sauraient évidemment soutenir la concurrence des sucres étrangers.

On peut croire, en vérité, que le Conseil général a été trop loin et trop vite.

Jetant, quant à nous, un regard attentif sur les transactions passées, peu actives avec l'étranger, fort importantes, au contraire, avec la France, qui consomme les 95 centièmes des produits coloniaux, il nous avait toujours paru qu'on devait, plus que jamais, se retourner vers la métropole, et, tout en sollicitant de sa bienveillance un privilége plus efficace pour les denrées martiniquaises, accepter les articles français à des conditions de faveur, sans exclure, pourtant, ceux des autres pays.

En tout état de cause, nous avions cru qu'il importait de moins se hâter dans cette grave tentative de reconstitution économique, qu'il fallait, avant tout, consulter les divers intérêts en cause, pour soumettre ensuite au Conseil général une question mûrie, étudiée, approfondie par tout le monde.

Ainsi que nous l'avons dit, cette opinion n'a pu prévaloir.

Il est, pensons-nous, très-permis de le regretter;

mais, encore une fois, *dura lex sed lex*. A présent, en effet, que la mesure est prise, que les représentants de la colonie l'ont adoptée dans leur responsabilité vis-à-vis du pays, comme dans leur conscience, le gouvernement doit-il repousser leur vœu, détruire leur œuvre, se refuser, en un mot, à l'expérience projetée? C'est là une question bien sérieuse, qui ne nous paraît pas être de notre compétence, que nous ne discuterons point par cela même, mais qui ne peut manquer d'appeler, sans doute, l'attention de l'autorité supérieure.

Voilà pour la suppression du tarif des douanes.

Voici pour l'application exclusive et absolue d'un tarif d'octroi.

III

Ce tarif a la valeur pour base et se divise ainsi qu'il suit:

1° Produits de première nécessité, *exempts*.
2° Marchandises d'un usage moins absolu, $2 p. 0/0$.
3° Marchandises qui, par leur nature, ne sont

consommées que par un nombre beaucoup plus restreint de contribuables, *4 p. 0/0*.

A première vue, rien de plus simple qu'un pareil tarif. En fait, rien de plus compliqué.

La difficulté qui frappe, avant tout, tient ici à la base de perception elle-même. En effet, en matière d'impôt, le droit le moins aisé à établir et à réaliser, c'est le droit à la valeur. En Douane, il a été, de tout temps, une source de discussions entre le service, toujours en garde contre les fausses déclarations, et le commerce, trop souvent porté aux mésestimations.

De là, en France, en Angleterre et dans tous les pays régulièrement administrés, la fixation de la valeur comme exception, et du poids, du nombre et de la mesure comme règle.

De là, encore, dans les récentes conventions internationales, l'engagement de transformer le droit provisoirement fixé à la valeur en droit spécifique.

Ne pouvant se dissimuler les inconvénients de son système, combattu dans le conseil et en dehors du conseil, la majorité s'est attachée à y obvier, en décidant :

1° La formation trimestrielle d'une mercuriale des valeurs;

2° L'exhibition des factures originales;

3° L'expertise en cas de contestation.

Mais aucune de ces dispositions ne semble porter avec elle le correctif désiré.

Et, d'abord, par les soins minutieux, par les recherches de détail, par les efforts prolongés que comporte déjà la mercuriale actuelle, — une courte mercuriale d'environ cent articles, très-consciencieusement faite, et, néanmoins, assez souvent erronée, — on peut juger des embarras inextricables, des exigences de travail intérieur, d'investigations extérieures et, aussi, des chances d'inexactitudes qu'on subira périodiquement lorsqu'il s'agira de mercurialiser, avec les mille articles du tarif général, leurs divisions et subdivisions, s'étendant à l'infini pour certains produits, tels que les tissus, la mercerie, les modes, la bijouterie, les ouvrages en bois, en fer, etc., etc.

Qui voudra, et, surtout, qui pourra se charger d'une semblable tâche?

Comme il suffit de poser cette question pour la résoudre, on peut dire, assurément, que si, d'un côté, la mercuriale doit être repoussée comme document de pure forme, elle est, d'un autre côté, impossible comme acte sérieux.

Relativement au second point, nous répéterons ici ce que nous avons eu l'honneur d'exposer à l'admistration coloniale avant le vote du Conseil, à savoir : que la production forcée des factures est contraire à la nouvelle jurisprudence métropolitaine, et qu'en effet, certains tribunaux du continent, voyant dans la facture un document particulier, un document intime exprimant la situation de l'acheteur vis-à-vis du vendeur, dénient aux experts, à l'administration, à la justice elle-même, le droit de l'exiger à titre ou d'élément d'appréciation, ou de complément de déclaration, sous peine de porter atteinte au secret, et, par conséquent, à la liberté des transactions.

Mais dût cette grave objection s'effacer devant le droit supérieur du Conseil, nous aboutirions encore, — par la nécessité d'éclaircir tout soupçon de fausses factures sous un régime absolu de perception *ad valorem*, — à des difficultés pratiques inextricables, à des investigations généralement approfondies, souvent rigoureuses, à des instances judiciaires incessantes, et, en un mot, à des mesures gênantes, tracassières, ruineuses pour les intérêts mêmes qu'on veut servir.

Quant à l'expertise, il est évident que si la mercuriale était complète, l'arbitrage serait sans objet. Mais de ce que nous en avons dit plus haut, on doit inférer, sans doute, que quelqu'extension qu'on lui donne, la mercuriale devant présenter d'importantes lacunes, l'expertise deviendra fréquemment inévitable.

Malheureusement, elle sera non moins fréquemment illusoire, et cela par la raison bien simple que Saint-Pierre, place de troisième ordre, ne comprenant que des maisons de commerce plus ou moins unies entr'elles par les liens des affaires, et souvent de l'affection, il adviendra qu'en fait, on aura peu d'expertises faute d'experts.

Nous croyons connaître l'esprit local; il est honnête, mais nécessairement d'essence humaine. En pareille matière, il ne se dévouera pas à la chose publique. Avec cet esprit, qui peut errer facilement, tout en ayant du bon, juger ses concurrents, ce ne serait pas digne; juger ou ses voisins, ou ses amis, ou même, et tout simplement, ses connaissances, ce ne serait que rarement possible. Dans d'autres cas, la crainte de compromettre, directement ou indirectement, une clientèle productive dans la personne du déclarant, de ses parents ou de ses amis, aurait pour effet inévitable ou des refus formels d'arbitrage, ou, ce qui serait bien pire, des décisions de complaisance.

En somme, il en est ici de l'arbitrage comme de la perception à la valeur; il n'est possible qu'à titre exceptionnel. Comme règle, il faut laisser l'expertise aux grands centres, tels que Bordeaux, Marseille, Nantes, Alger, le Havre, Rouen, où arbitre et déclarant, se perdant dans la foule, ou restant le plus souvent inconnus l'un de l'autre, la décision peut se produire en toute liberté et en dehors de toute considération personnelle.

D'ailleurs, ce tarif n'est pas complet. Beaucoup d'articles ont été négligés par le Conseil, qui, dans une pensée de simplification, à mon sens mal entendue, a admis en séance, mais d'ailleurs non repris dans la *décision écrite*, que ces articles entreraient, selon leur nature, dans une des trois grandes divisions précitées, savoir : produits 1° de première nécessité; 2° d'un usage moins absolu; 3° de luxe.

Mais qui sera juge de la question? L'administration? Il faudrait la consulter à chaque instant et employer à ces communications un temps précieux pour le commerce. Le service? Il ne lui appartient pas de procéder par assimilation. Il ne peut qu'appliquer des textes formels, sous peine de fâcheuses et éternelles contestations avec les déclarants.

Ainsi donc, ni quotités de droits à la valeur prises pour règle absolue, d'une part, et, d'autre part, ni mercuriale trimestrielle à titre de correctif, ni exhibition forcée des factures, ni expertise, ni, enfin, simplification par voie d'assimilation, rien de tout cela n'est réalisable, et, par suite, rien de ce qui constitue la base du tarif adopté par le Conseil général ne saurait, selon nous, être mis à exécution.

Un autre projet de tarif avait été présenté par la commission compétente du Conseil. C'était le tarif d'octroi actuel, augmenté, étendu pour l'avenir, longuement éprouvé dans le passé, et ne convenant pas moins au public qu'au service.

A ce tarif aux résultats financiers certains, à ce tarif si simple, si clair et si net, à cette œuvre définitive et invariable, telle qu'il la faut pour la facilité des combinaisons commerciales à long terme, on a substitué, en fait, par l'adoption de la valeur pour base de toute recette, un tarif sans données plausibles, sans garanties budgétaires précises, un tarif mobile, précaire, à courte échéance, se faisant et se refaisant sans cesse.

On assure que, lors de cette substitution malencontreuse, l'honorable rapporteur de la commission aurait dit au Conseil : « Vous avez repoussé un projet de tarif qui, véritablement, était plus qu'un projet, puisque, dans ses conditions essentielles, il avait pour lui la plus sûre et la plus précieuse des sanctions : celle de l'expérience. Vous l'avez sacrifié à un projet impraticable. Mais je le conserve avec la conviction que vous y reviendrez l'année prochaine. »

Nous ne croyons être que tout simplement juste pour le Conseil, en partageant cette conviction.

IV

Maintenant, et pour résumer en quelques mots cette discussion rapide, nous redirons :

Que la suppression complète du tarif des Douanes constituerait un réel danger, un dommage certain à l'intérieur, sans compensation sérieuse à l'extérieur, une résolution doublement fâcheuse, entraînant, avec la perte infaillible du privilége colonial, celle non moins inévitable du débouché métropolitain, le seul positivement acquis, le seul véritablement désirable dans le présent et, jusqu'à un certain point, peut-être, le seul véritablement possible dans l'avenir ;

Que, régulier dans son principe, le tarif d'octroi, substitué à celui des douanes, est inadmissible dans son exécution.

Mais si, en définitive, tel est aujourd'hui le double écueil qui se dresse devant la Martinique, il existe heureusement dans son Conseil de hautes et vives intelligences ; et leur signaler de nouveau le mal, après une année d'étude et de réflexion, c'est obtenir, nous persistons à le penser, l'application prompte et sûre du remède.

Nice. — Typ. V.-Eugène GAUTHIER et Cᵉ, descente de la Caserne, 1.

www.ingramcontent.com/pod-product-compliance
Lightning Source LLC
Chambersburg PA
CBHW070524050426
42451CB00013B/2834